Estérelle Payany

CUPCAKES

MINI gourmands | SOLAR EDITIONS

Sommaire

Introduction 5

Pâte et glaçages de base 6

Cupcakes à la française 16

Cupcakes à l'anglo-saxonne... et du monde 36

Cupcakes salés 52

Introduction

Rond, coloré, délicieusement garni de crème et décoré de bonbons ou de toutes les fantaisies possibles, le cupcake, ce petit gâteau anglo saxon adorablement festif, est en train de conquérir le monde !

Facile à faire – une génoise, une crème ou un glaçage et un peu d'imagination pour le décor –, si bon à déguster en trois bouchées, le cupcake, littéralement « gâteau dans la tasse », tiendrait son nom de sa cuisson dans un petit contenant (au début, une tasse, et désormais une caissette en papier).

Pour d'autres, ce serait ses mesures anglo-saxonnes exprimées en « cup » qui lui auraient donné son nom. D'ailleurs, au Royaume-Uni on les désigne sous le nom de « fairy cakes », c'est-à-dire « gâteaux des fées »... et pas un anniversaire n'est fêté sans eux !

Quoi qu'il en soit, si aux États-Unis on les aime garnis de crème très sucrée, avec des couleurs flashy et délirantes, on peut aussi les adopter chez nous pour changer des cakes et autres fondants, en les relookant au passage.

À fond dans la tradition américaine ou adaptés à nos palais français, une chose est sûre : avec les cupcakes, vous allez croquer mignon !

Pâte à cupcakes de base

Pour 12 cupcakes environ (moule à muffins de 7 cm de diamètre) ou pour 20 mini-cupcakes environ (3 cm de diamètre)

2 gros œufs (bios ou fermiers, de préférence)

120 g de beurre très mou

4 cuill. à soupe de lait (5 cl)

140 g de farine

100 g de sucre en poudre

2 cuill. à café rases de levure chimique (½ sachet)

1 pincée de sel

Pour parfumer la pâte

1 cuill. à café d'extrait de vanille liquide, d'eau de fleur d'oranger ou de tout autre parfum de votre choix

- Préchauffez votre four à 180 °C (th. 6).
- Mélangez le beurre et le sucre à l'aide d'un batteur électrique, jusqu'à ce que la préparation blanchisse.
- Ajoutez les œufs un à un, puis la farine, le sel et la levure chimique. Mélangez bien puis incorporez le lait et le parfum de votre choix.
- Déposez des caissettes (en papier ou en silicone) dans chaque alvéole de votre moule à muffins. Déposez 2 cuillerées à soupe de pâte dans chaque caissette (2 cuillerées à café s'il s'agit de mini-cupcakes). Enfournez et laissez cuire 20 minutes.
- Laissez refroidir avant de garnir du glaçage de votre choix.

Les cupcakes cuits ne doivent pas trop dépasser de leur moule afin de pouvoir être garnis facilement, tout en étant assez levés pour être légers à déguster.

Si vous souhaitez des cupcakes formant un dôme, à plonger directement dans un glaçage au sucre, commencez par battre les œufs avec le sucre puis ajoutez les autres ingrédients : ils auront alors une forme idéale !

Pensez à utiliser votre recette préférée de génoise, gâteau au yaourt ou cake comme base de cupcake : adaptez simplement le temps de cuisson.

Glaçage traditionnel à la crème au beurre

Pour glacer 12 cupcakes environ

100 g de beurre mou

2 cuill. à café de lait (facultatif)

300 g de sucre glace

1 cuill. à café d'extrait de vanille

Colorant de votre choix

• À l'aide d'un batteur électrique ou d'un robot, travaillez le beurre en crème.

• Lorsqu'il est ramolli, ajoutez peu à peu le sucre et la vanille. Travaillez pendant 5 minutes environ, jusqu'à obtention d'une crème mousseuse. Si le mélange est trop dense, ajoutez 1 à 2 cuillerées à café de lait pour le détendre. S'il est trop liquide, ajoutez du sucre glace de manière à obtenir une consistance assez épaisse.

• Si nécessaire, ajoutez le colorant requis pour votre recette (poudre ou gel).

• Glacez vos cupcakes à l'aide d'une poche à douille, d'une seringue à pâtisserie ou d'une spatule.

Il est important d'utiliser du sucre glace pour que la crème fonde parfaitement en bouche. Cette crème peut se conserver jusqu'à trois jours au réfrigérateur. Ramenez-la à température ambiante avant de l'utiliser pour décorer vos cupcakes.

Glaçage traditionnel au sucre glace

Pour glacer 12 cupcakes environ

1 blanc d'œuf (bio ou fermier, de préférence)

1 cuill. à café de jus de citron

200 g de sucre glace

• Versez le blanc d'œuf dans un saladier avec le jus de citron. Tamisez 50 g de sucre glace au-dessus et travaillez le mélange à l'aide d'un batteur électrique à vitesse lente.

• Ajoutez peu à peu le reste de sucre glace tamisé sans cesser de battre, jusqu'à ce que le glaçage ait la consistance d'une chantilly et forme des pics. Vous aurez peut-être besoin de plus de sucre glace, selon le poids de votre blanc d'œuf : n'hésitez pas à en rajouter.

• Glacez vos cupcakes à l'aide d'un couteau à bout rond ou à la spatule. Vous pouvez aussi plonger rapidement vos gâteaux dans le glaçage, pour un résultat bien lisse.

• Essuyez enfin les bords des cupcakes sur le saladier avant de les déposer sur votre plat de service.

Ce glaçage peut rester blanc ou se colorer de bien des façons. Avec du sirop de votre choix, des colorants en gel (rayon aide à la pâtisserie, en supermarché), du jus de fruits (fraises, cerises…) ou même de légumes (épinards, betteraves) !

Glaçage à la meringue

Pour glacer 12 cupcakes environ

3 blancs d'œufs (bios ou fermiers, de préférence)

130 g de sucre en poudre

1 cuill. à soupe de sucre glace

3 feuilles de gélatine

- Faites tremper la gélatine dans un bol d'eau froide.
- Versez le sucre et 6 cl d'eau dans une casserole. Faites chauffer à feu moyen pendant 15 à 20 minutes, jusqu'à ce que le sirop atteigne 117 à 120 °C environ (petit boulé ou boulé).
- Au bout de 10 minutes de cuisson du sucre, commencez à battre les blancs d'œufs en neige à l'aide d'un batteur électrique ou d'un robot, à petite vitesse. Lorsqu'ils sont presque montés, ajoutez le sucre glace.
- Essorez la gélatine entre vos mains, ajoutez-la au sirop brûlant et mélangez.
- Versez le sirop dans les blancs montés, en battant à vitesse moyenne. Continuez de battre pendant 10 à 15 minutes, jusqu'à ce que la meringue soit refroidie.
- Répartissez cette meringue sur vos cupcakes à l'aide d'une poche à douille ou d'une cuillère.
- Faites-la griller au chalumeau ou sous le gril de votre four préchauffé en surveillant très attentivement : cette preparation brûle facilement !

Pour mesurer la température du sucre, plusieurs méthodes existent : la thermo-sonde de cuisson (en vente dans les magasins spécialisés, chez Ikéa® et sur Internet), à l'œil (le sucre forme de grosses bulles) ou en trempant un peu de sirop de sucre dans un verre d'eau froide : il doit former une boule.

Glaçage au fromage frais

Pour glacer 12 cupcakes environ

250 g de fromage frais à tartiner (type St Môret®)

75 g de beurre très mou

120 à 150 g de sucre glace (selon la quantité de sucre déjà contenue dans le gâteau)

Colorant au choix : gel alimentaire, poudre, jus de fruits ou de légumes (betterave, cerise, épinard), pâte de pistache…

- À l'aide d'un batteur électrique, travaillez le beurre mou avec le sucre glace jusqu'à obtention d'un mélange léger et mousseux.
- Ajoutez la moitié du fromage frais et continuez à travailler le mélange en battant à petite vitesse.
- Ajoutez le colorant de votre choix, puis versez peu à peu le reste de fromage frais sans cesser de fouetter.
- Placez votre glaçage au frais pendant 30 minutes, afin qu'il raffermisse.
- Glacez vos cupcakes à l'aide d'une poche à douille ou d'une spatule, décorez et servez.

Vous n'avez pas de sucre glace ? Passez tout simplement au mixer du sucre cristal, puis tamisez-le.

Conservez vos cupcakes au réfrigérateur, s'il vous en reste.

Cupcakes bretons

Pour 12 cupcakes

12 caramels au beurre salé

Pour la pâte

2 gros œufs (bios ou fermiers, de préférence)

120 g de beurre très mou

4 cuill. à soupe de lait (5 cl)

140 g de farine

100 g de sucre en poudre

2 cuill. à café rases de levure chimique (½ sachet)

1 pincée de sel

Pour parfumer la pâte

1 cuill. à café d'extrait de vanille liquide

Pour le glaçage au caramel

200 g de mascarpone

2 cuill. à soupe de crème fraîche liquide

150 g de crème de Salidou

Pour la décoration

12 caramels durs et croquants (type Werther's Original®)

- Préchauffez votre four à 180 °C (th. 6).
- Réalisez la pâte à cupcakes en suivant la recette de la page 6. Parfumez la préparation avec l'extrait de vanille. Enfoncez dans chaque cupcake 1 caramel au beurre salé.
- Faites cuire les cupcakes 20 minutes et laissez-les refroidir sur une grille.
- Pendant ce temps, réalisez le glaçage : mélangez le Salidou avec le mascarpone et la crème liquide à l'aide d'un batteur électrique à vitesse lente.
- Garnissez vos cupcakes de glaçage à l'aide d'une poche à douille. Mettez les caramels durs dans un sac de congélation et concassez-les à l'aide d'un rouleau à pâtisserie. Saupoudrez les cupcakes de ces paillettes de caramel et servez.

Vous pouvez remplacer ce glaçage ultra-rapide et savoureux par une crème au beurre parfumée au caramel (p. 9) ou par un glaçage au caramel (p. 63).

S'il vous en reste, conservez de préférence ces cupcakes au réfrigérateur.

Cupcakes 100 % choco

Pour 12 cupcakes environ

Pour la pâte

100 g de beurre doux mou

4 blancs d'œufs (bios ou fermiers, de préférence)

120 g de chocolat à pâtisser

100 g de farine

80 g de sucre en poudre

Pour la ganache montée au chocolat

150 g de chocolat à pâtisser à 70 % de cacao

12 cl de crème liquide entière

1 pincée de café soluble

Pour la décoration

Vermicelles de chocolat, Smarties®, chocolat blanc râpé...

• La veille, préparez le glaçage : hachez finement le chocolat à l'aide d'un grand couteau et mettez-le dans un saladier. Ajoutez le café et mélangez. Faites chauffer la crème dans une casserole ou au micro-ondes. Versez-la en trois fois sur le chocolat en remuant vivement à l'aide d'une maryse (spatule en silicone), jusqu'à obtention d'une crème lisse et onctueuse. Laissez refroidir et placez au réfrigérateur pendant au moins 2 heures.

• Le jour-même, préchauffez votre four à 180 °C (th. 6).

• Battez le beurre bien mou et le sucre jusqu'à ce que le mélange blanchisse. Faites fondre le chocolat au bain-marie et ajoutez-le, ainsi que la farine.

• Battez les blancs d'œufs en neige ferme et ajoutez-les délicatement au mélange précédent.

• Déposez des caissettes dans chaque alvéole de votre moule à muffins, puis remplissez-les aux deux tiers avec la pâte. Faites cuire 20 à 25 minutes, sortez les caissettes du moule et laissez refroidir.

• Pendant ce temps, sortez la ganache du réfrigérateur. À l'aide d'un batteur électrique, fouettez-la doucement, jusqu'à ce qu'elle soit mousseuse.

• Versez la ganache dans une poche à douille, garnissez-en les cupcakes et décorez de bonbons chocolatés.

La pointe de café sert à renforcer le goût du chocolat. Mais si vous n'aimez pas, ne vous forcez pas !

Cupcakes flocon de neige

Pour 12 cupcakes environ

Pour la pâte

2 gros œufs (bios ou fermiers, de préférence)
1 yaourt aromatisé à la noix de coco
2 pots remplis de farine
1 pot rempli de sucre roux en poudre
1 pot rempli de noix de coco râpée
¾ de pot rempli d'huile de tournesol ou de pépins de raisin
1 bouchon de rhum vieux ou de Malibu®
½ sachet de levure chimique
1 pincée de sel

Pour le glaçage à la meringue

3 blancs d'œufs (bios ou fermiers, de préférence)
130 g de sucre en poudre
1 cuill. à soupe de sucre glace
3 feuilles de gélatine

Pour la décoration

4 cuill. à soupe de noix de coco râpée

• Préchauffez le four à 180 °C (th. 6). Séparez les blancs d'œufs des jaunes.

• Mélangez le yaourt avec les jaunes d'œufs. Ajoutez le sucre, mélangez à nouveau. Incorporez ensuite la farine, la levure chimique et l'huile, puis terminez par la noix de coco et l'alcool.

• Montez les blancs d'œufs en neige avec la pincée de sel. Ajoutez délicatement à la préparation précédente.

• Déposez des caissettes dans chaque alvéole de votre moule à muffins, puis remplissez-les aux deux tiers avec la pâte. Faites cuire 20 minutes, sortez les caissettes du moule et laissez refroidir.

• Pendant la cuisson des gâteaux, préparez le glaçage à la meringue comme indiqué en page 13.

• Garnissez les cupcakes de meringue, puis faites-les dorer 2 minutes sous le gril du four. Faites griller rapidement la noix de coco à la poêle, saupoudrez-en les cupcakes et servez.

Ajoutez des pépites de chocolat à la pâte. À la place de la meringue, vous pouvez au choix garnir vos cupcakes avec un glaçage au sucre glace (p. 10) saupoudré de noix de coco ou préparer une ganache montée au chocolat blanc (p. 18), en remplaçant le chocolat noir par du blanc.

Cupcakes calissons

Pour 12 cupcakes environ

Pour la pâte

6 calissons d'Aix
2 gros œufs
1 yaourt nature au lait entier
2 pots remplis de farine
1 pot rempli de sucre en poudre
1 pot rempli de poudre d'amandes
1 cuill. à soupe d'eau de fleur d'oranger
3 gouttes d'extrait d'amandes amères
¾ de pot rempli d'huile de tournesol
½ sachet de levure chimique
1 pincée de sel

Pour le glaçage

1 blanc d'œuf
1 cuill. à café de jus de citron
200 g de sucre glace

Pour la décoration

Morceaux de melon, d'oranges, d'abricots ou d'angélique confits

• Préchauffez le four à 180 °C (th. 6). Séparez les blancs d'œufs des jaunes.

• Mélangez le yaourt avec les jaunes d'œufs. Ajoutez le sucre et mélangez à nouveau. Incorporez ensuite la farine, la levure chimique et l'huile, puis terminez par la poudre d'amandes, l'eau de fleur d'oranger et l'extrait d'amandes amères.

• Montez les blancs d'œufs en neige avec la pincée de sel. Ajoutez délicatement à la préparation précédente.

• Déposez des caissettes dans chaque alvéole de votre moule à muffins, puis remplissez-les aux deux tiers avec la pâte. Coupez les calissons en deux dans la largeur et plongez-en un demi dans chaque caissette. Faites cuire 20 minutes, sortez les caissettes du moule et laissez refroidir.

• Pendant la cuisson des gâteaux, préparez le glaçage au sucre glace comme indiqué en page 10.

• Plongez les cupcakes dans le glaçage ou garnissez-les à l'aide d'une spatule. Décorez de morceaux de fruits confits et servez.

Les calissons sont toujours réalisés avec un mélange de fruits jaunes confits (melon, abricot ou pêche) agrémentés d'écorce d'agrume (orange, citron, clémentine) en plus petites proportions. D'où leur présence sur le cupcake !

Cupcakes à la méridionale

Pour 18 cupcakes

Pour la pâte

2 œufs (bios ou fermiers, de préférence)

10 cl de lait frais (entier ou demi-écrémé)

Le zeste râpé et le jus d'un gros citron non traité ou bio (soit 8 cl)

18 framboises

175 g de farine

100 g de sucre en poudre

10 cl d'huile d'olive douce

1 sachet de levure chimique

1 pincée de sel

Pour le glaçage citronné

200 g de fromage frais à tartiner (type St Môret®)

Le zeste finement râpé de ½ citron

150 g de lemon curd en pot

Pour la décoration

18 framboises fraîches

10 bonbons acidulés, durs et rouges

- Préchauffez le four à 180 °C (th. 6).
- Travaillez les œufs avec le sucre jusqu'à ce que le mélange blanchisse. Ajoutez la farine, la levure chimique, le sel et mélangez. Incorporez enfin l'huile d'olive, le lait, le zeste et le jus de citron.
- Déposez des caissettes dans chaque alvéole de votre moule à muffins, puis remplissez-les aux deux tiers avec la pâte. Plongez 1 framboise dans chaque caissette, pointe vers le haut. Faites cuire 20 minutes, sortez les caissettes du moule et laissez refroidir.
- Préparez le glaçage : battez ensemble le fromage frais, le lemon curd et le zeste de citron. Réservez au réfrigérateur jusqu'au moment de garnir les cupcakes.
- Glissez les bonbons dans un sac de congélation et concassez-les à l'aide d'un rouleau à pâtisserie.
- Glacez les cupcakes à l'aide d'une poche à douille ou d'une spatule. Décorez chaque gâteau d'une framboise fraîche et de brisures de bonbons, puis servez.

Le lemon curd, pâte à tartiner au citron d'origine anglaise, s'achète en épicerie fine ou au rayon « épicerie du monde » au supermarché. Mais vous pouvez aussi facilement le faire vous-même si vous avez un peu de temps (voir p. 63).

Cupcakes au citron meringué

Pour 12 cupcakes environ
12 cuill. à café de marmelade d'orange amère

Pour la pâte
2 gros œufs
120 g de beurre très mou
4 cuill. à soupe de lait
140 g de farine
100 g de sucre en poudre
2 cuill. à café rases de levure chimique
1 pincée de sel

Pour parfumer la pâte
Le zeste râpé et le jus d'un gros citron non traité ou bio (soit 8 cl)

Pour le glaçage
3 blancs d'œufs
130 g de sucre en poudre
1 cuill. à soupe de sucre glace
3 feuilles de gélatine

Pour la décoration
12 bonbons en forme de quartiers de citrons (facultatif)

• Préchauffez votre four à 180 °C (th. 6).

• Réalisez la pâte à cupcakes en suivant la recette de la page 6. Parfumez la préparation avec le jus et le zeste du citron.

• Déposez au cœur de chaque cupcake, avant la cuisson, 1 cuillerée à café de marmelade d'orange. Enfournez pour 20 minutes et laissez refroidir sur une grille.

• Pendant ce temps, réalisez la meringue selon la recette de la page 13 et glacez vos cupcakes à l'aide d'une poche à douille ou d'une spatule.

• Faites dorer la meringue sous le gril du four en surveillant attentivement.

• Sortez les cupcakes, laissez-les refroidir 15 minutes environ avant de les décorer de bonbons et de les déguster.

Vous pouvez également réaliser cette recette avec de l'orange ou de la clémentine, pour une saveur plus douce.

Attention, la meringue a tendance à gonfler à la cuisson ! Veillez à ne pas garnir trop abondamment les cupcakes !

CUP CAKE
CUP CAKE

Cupcakes pralinés

Pour 12 cupcakes environ

12 carrés de chocolat au lait aux noisettes

Pour la pâte

2 gros œufs (bios ou fermiers, de préférence)

120 g de beurre très mou

4 cuill. à soupe de lait (5 cl)

140 g de farine

80 g de sucre roux en poudre

2 cuill. à café rases de levure chimique (½ sachet)

1 pincée de sel

Pour parfumer la pâte

40 g de pralin en poudre

Pour le glaçage au praliné

25 cl de crème liquide entière (fleurette)

3 cuill. à soupe bombées de pâte à tartiner pralinée (type Nutella®)

1 feuille de gélatine

Pour la décoration

3 cuill. à soupe de pralin en poudre

- Placez la crème liquide au réfrigérateur pour qu'elle soit bien froide. Préchauffez le four à 180 °C (th. 6).

- Préparez la pâte à cupcakes en suivant la recette de la page 6. Parfumez la préparation de pralin en poudre.

- Déposez des caissettes dans chaque alvéole de votre moule à muffins, puis remplissez-les aux deux tiers avec la pâte. Enfoncez un carré de chocolat dans chaque cupcake. Faites cuire 20 minutes, puis sortez les caissettes du moule et laissez refroidir.

- Pendant ce temps, préparez le glaçage : faites tremper la gélatine dans un bol d'eau froide, essorez-la puis faites-la fondre dans 5 cl de crème liquide tiédie. Ajoutez la pâte à tartiner pralinée.

- Battez longuement la crème liquide restante à l'aide d'un batteur électrique jusqu'à ce qu'elle épaississe comme une chantilly. Incorporez-y le mélange praliné et fouettez pendant encore 30 secondes.

- Glacez vos cupcakes à l'aide d'une poche à douille, d'une seringue à pâtisserie ou d'une spatule. Saupoudrez les gâteaux de pralin en poudre, puis placez-les au réfrigérateur au moins 1 heure, afin que la chantilly se raffermisse.

Conservez ces cupcakes au frais et consommez-les dans les 24 heures.

Cupcakes Saint-Valentin

Pour 12 cupcakes environ
12 chocolats, type Mon Chéri®

Pour la pâte
2 gros œufs
120 g de beurre très mou
4 cuill. à soupe de lait
120 g de farine
100 g de sucre roux en poudre
2 cuill. à café rases de levure chimique
1 pincée de sel

Pour parfumer la pâte
30 g de cacao en poudre
2 pincées de piment en poudre

Pour le glaçage
100 g de beurre mou
2 cuill. à café de lait (facultatif)
300 g de sucre glace
1 cuill. à café d'extrait de vanille
1 cuill. à soupe de jus de betterave cuite ou 1 cuill. à café de colorant rouge en poudre
½ cuill. à café de gingembre frais râpé

Pour la décoration
12 morceaux de gingembre confit

- Préchauffez le four à 180 °C (th. 6).
- Réalisez la pâte à cupcakes en suivant la recette de la page 6. Parfumez la préparation de cacao et de piment.
- Enfoncez dans chaque cupcake un Mon Chéri®. Faites cuire 20 minutes et laissez refroidir sur une grille.
- Pendant ce temps, réalisez le glaçage en suivant la recette de la crème au beurre (p. 9). Puis, colorez-la avec le jus de betterave et parfumez-la de gingembre.
- Glacez vos cupcakes à l'aide d'une poche à douille, d'une seringue à pâtisserie ou d'une spatule. Décorez chaque gâteau d'un morceau de gingembre confit et servez.

Le piment réchauffe subtilement la saveur du cacao. Utilisez un piment parfumé, type piment d'Espelette ou niora.

Cupcakes « Cerise sur le gâteau »

Pour 12 cupcakes environ

100 g de griottes dénoyautées surgelées

Pour la pâte

2 gros œufs (bios ou fermiers, de préférence)

120 g de beurre très mou

4 cuill. à soupe de lait (5 cl)

140 g de farine

100 g de sucre en poudre

2 cuill. à café rases de levure chimique (½ sachet)

1 pincée de sel

Pour parfumer la pâte

1 cuill. à soupe de kirsch

Pour le glaçage au fromage frais

250 g de fromage frais à tartiner (type St Môret®)

75 g beurre doux bien mou

120 g de sucre glace

5 cuill. à soupe de jus de cerise

Pour la décoration

12 cerises

- Faites décongeler les griottes au micro-ondes et réservez leur jus.
- Préchauffez votre four à 180 °C (th. 6).
- Préparez la pâte à cupcakes en suivant la recette de la page 6. Ajoutez-y les griottes coupées en deux et parfumez-la de kirsch.
- Déposez des caissettes dans chaque alvéole de votre moule à muffins, puis remplissez-les aux deux tiers avec la pâte. Faites cuire 20 minutes, sortez les caissettes du moule et laissez refroidir.
- Pendant ce temps, préparez le glaçage en suivant la recette de la page 14. Puis colorez-le à l'aide du jus des griottes réservé.
- Garnissez vos cupcakes à l'aide d'une poche à douille ou d'une spatule, puis posez une cerise sur chaque. Réservez au réfrigérateur jusqu'au moment de servir.

Si vous n'aimez pas le kirsch, remplacez-le par 2 gouttes d'extrait d'amandes amères.

Cupcakes Mont-Blanc

Pour 12 cupcakes environ

Pour la pâte

2 œufs (bios ou fermiers, de préférence)

100 g de beurre doux fondu

200 g de crème de marrons + 150 g pour garnir

100 g de farine

75 g de sucre en poudre

2 cuill. à soupe de whisky

1 sachet de levure chimique

1 pincée de sel

Pour le glaçage aux marrons

200 g de mascarpone

200 g de crème de marrons vanillée

Pour la décoration

Brisures de marrons glacés ou de violettes cristallisées

• Préchauffez votre four à 180 °C (th. 6).

• Battez les œufs avec le sucre jusqu'à ce que le mélange blanchisse. Ajoutez la crème de marrons, le beurre fondu, la farine et la levure, le whisky et le sel.

• Déposez des caissettes dans chaque alvéole de votre moule à muffins, puis remplissez-les aux deux tiers avec la pâte. Garnissez chaque cupcake de 1 cuillerée à café de crème de marrons. Laissez cuire 20 minutes, sortez les caissettes du moule et laissez refroidir.

• Préparez le glaçage : mélangez le mascarpone et la crème de marrons vanillée à l'aide d'une spatule souple, jusqu'à obtention d'une crème lisse.

• Garnissez les cupcakes à l'aide d'une poche à douille ou d'une spatule, décorez de brisures de marrons glacés ou de violettes cristallisées et servez.

Préférez toujours une crème de marrons comportant en partie des brisures de marrons glacés, elle sera bien plus goûteuse.

À la place de 1 cuillerée à café de crème de marrons, vous pouvez enfoncer un demi-marron glacé dans chaque cupcake et les décorer de vermicelles argentés.

Red Velvet Cupcakes

Pour 12 cupcakes environ

Pour la pâte

1 gros œuf (bio ou fermier, de préférence)

70 g de beurre mou

12 cl de lait Ribot (lait fermenté)

100 g de farine

120 g de sucre en poudre

20 g de cacao amer non sucré

1 cuill. à café d'extrait de vanille liquide

1 cuill. à soupe de colorant alimentaire rouge

1 cuill. à café de vinaigre blanc ou de vinaigre de cidre

1 cuill. à café rase de bicarbonate de soude

1 pincée de sel

Pour le glaçage au fromage frais

250 g de fromage frais à tartiner (type St Môret®)

75 g de beurre doux très mou

120 g de sucre glace

½ cuill. à café d'extrait de vanille liquide

- Préchauffez le four à 180 °C (th. 6).
- Tamisez ensemble la farine, le cacao et le bicarbonate de soude.
- Battez le beurre et le sucre à l'aide d'un batteur électrique ou d'un robot, jusqu'à ce que le mélange soit mousseux. Ajoutez l'œuf sans cesser de battre, puis les ingrédients tamisés, le sel et le lait Ribot. Ajoutez enfin la vanille, le colorant et le vinaigre.
- Déposez des caissettes dans chaque alvéole de votre moule à muffins et remplissez-les aux deux tiers avec la pâte. Faites cuire 20 minutes, sortez les caissettes du moule et laissez refroidir.
- Préparez le glaçage en suivant la recette de la page 14. Parfumez le d'extrait de vanille.
- Glacez vos cupcakes à l'aide d'une poche à douille ou d'une spatule.

C'est la réaction chimique entre le bicarbonate, le vinaigre et le lait fermenté qui donne sa couleur rouge au gâteau, renforcée par le colorant.

Vanilla cupcakes

Pour 12 cupcakes environ

Pour la pâte

2 œufs (bios ou fermiers, de préférence)
75 g de beurre
2 cuill. à soupe de lait
130 g de farine
70 g de sucre en poudre
1 sachet de sucre vanillé
1 cuill. à café d'extrait de vanille liquide
1 cuill. à café de levure chimique
1 pincée de sel

Pour le glaçage à la crème au beurre

100 g de beurre mou
2 cuill. à café de lait (facultatif)
300 g de sucre glace
2 cuill. à café d'extrait de vanille liquide
Les grains d'une gousse de vanille fraîche

Pour la décoration

Fleurs en sucre, bonbons colorés, vermicelles de couleur

• Préchauffez le four à 180 °C (th. 6).

• Battez le beurre, le sucre et le sucre vanillé ensemble à l'aide d'un batteur électrique ou d'un robot, jusqu'à obtention d'un mélange mousseux. Ajoutez les œufs et l'extrait de vanille sans cesser de battre. Incorporez enfin la farine, la levure chimique, le sel et le lait. Continuez de battre à petite vitesse jusqu'à obtention d'une pâte légère.

• Déposez des caissettes dans chaque alvéole de votre moule à muffins, puis remplissez-les aux deux tiers avec la pâte. Faites cuire 20 minutes, sortez les caissettes du moule et laissez refroidir.

• Préparez une crème au beurre comme indiqué en page 9, en lui ajoutant les graines de la gousse de vanille.

• Glacez vos cupcakes à l'aide d'une poche à douille ou d'une spatule. Décorez de fleurs en sucre, bonbons colorés, vermicelles de couleur…

Pour un goût de vanille encore plus marqué, faites infuser la gousse dépourvue de ses graines dans le lait servant à préparer la pâte.

Bananabread Cupcakes

Pour 12 cupcakes environ

Pour la pâte

2 œufs (bios ou fermiers, de préférence)

75 g de beurre doux

5 cl de lait Ribot (lait fermenté), au rayon lait frais de votre supermarché

2 bananes bien mûres (175 g)

175 g de farine

80 g de sucre roux en poudre

1 cuill. à café de bicarbonate de soude

½ cuill. à café de gingembre en poudre

1 pincée de sel

Pour le glaçage aux épices

120 g de beurre doux

2 cuill. à café de lait (facultatif)

250 g de sucre glace

½ cuill. à café de quatre-épices

Pour la décoration

Chips de banane, cacahuètes non salées

- Préchauffez le four à 180 °C (th. 6).
- Travaillez le beurre et le sucre jusqu'à ce que le mélange blanchisse. Ajoutez les œufs, les bananes écrasées à la fourchette avec le lait Ribot, la farine, le bicarbonate de soude, le sel et le gingembre.
- Déposez des caissettes dans chaque alvéole de votre moule à muffins, puis remplissez-les aux deux tiers avec la pâte. Faites cuire 20 minutes, sortez les caissettes du moule et laissez refroidir.
- Pendant ce temps, préparez le glaçage : à l'aide d'un batteur électrique ou d'un robot, travaillez le beurre en crème. Lorsqu'il est ramolli, ajoutez peu à peu le sucre et le quatre-épices. Travaillez 5 minutes environ, jusqu'à obtention d'une crème mousseuse. Si le mélange vous semble trop épais, ajoutez un peu de lait.
- Glacez vos cupcakes à l'aide d'une poche à douille ou d'une spatule. Décorez d'une chips de banane et de cacahuètes concassées.

À défaut de lait Ribot, utilisez du yaourt bulgare. Si vous disposez de peu de temps, vous pouvez glacer vos cupcakes avec de la simple confiture de lait.

Cupcakes d'Halloween

Pour 12 cupcakes environ

Pour la pâte

1 œuf
70 g de beurre demi-sel fondu
8 cl de lait
200 g de purée de potiron
75 g de fruits secs (abricots, pruneaux, dattes…)
140 g de farine
50 g de sucre en poudre
1 sachet de sucre vanillé
1 sachet de levure chimique
2 cuill. à soupe de rhum
1 pincée de sel

Pour le glaçage

220 g de sucre en poudre
Sucre glace (facultatif)
Le zeste de ½ orange bio ou non traitée, finement râpé
Le zeste de ½ citron bio ou non traité, finement râpé
4 cuill. à soupe de jus d'orange ou de citron pressé

Pour la décoration

Bonbons orange et noir d'Halloween

- Préchauffez le four à 180 °C (th. 6).
- Coupez les fruits secs en petits morceaux. Dans un bol, battez l'œuf, le beurre fondu, le rhum et le lait.
- Dans un saladier, mélangez la farine et la levure, le sucre, le sucre vanillé et 1 pincée de sel. Ajoutez la préparation précédente, la purée de potiron et les morceaux de fruits.
- Déposez des caissettes dans chaque alvéole de votre moule à muffins, puis remplissez-les aux deux tiers avec la pâte et faites cuire 25 à 30 minutes.
- Pendant ce temps, préparez le glaçage : mélangez le sucre et les zestes d'agrumes, ajoutez le jus d'orange ou de citron. Attendez 1 minute, le temps que le jus fasse légèrement fondre le sucre, puis mélangez à la spatule. Si le mélange vous semble trop liquide, ajoutez un peu de sucre glace, jusqu'à obtention d'une texture assez ferme.
- Glacez vos cupcakes en les plongeant directement dans le glaçage ou en les nappant à l'aide d'une spatule. Posez les bonbons sur les gâteaux et laissez sécher 30 minutes environ avant de servir.

Mélangez grossièrement sans trop travailler la pâte, pour éviter qu'elle soit élastique.

Cupcakes princess suédois

Pour 12 cupcakes environ

12 cuill. à café de confiture de myrtilles

Pour la pâte

3 œufs (bios ou fermiers, de préférence)

75 g de farine

75 g de fécule de pommes de terre ou de Maïzena®

150 g de sucre en poudre

2 cuill. à café d'extrait de vanille liquide

½ sachet de levure chimique

Pour le glaçage

1 jaune d'œuf

200 g de mascarpone

50 g de sucre en poudre

2 sachets de sucre vanillé

Pour la décoration

300 g de pâte d'amandes rose ou verte

Sucre glace

- Préchauffez le four à 180 °C (th. 6).
- Tamisez la farine avec la fécule et la levure chimique. Fouettez les œufs avec le sucre jusqu'à ce que le mélange blanchisse. Incorporez à la préparation précédente, ainsi que la vanille, et fouettez jusqu'à obtention d'une pâte légère.
- Déposez des caissettes dans chaque alvéole de votre moule à muffins et remplissez-les aux deux tiers avec la pâte. Faites cuire 20 minutes, sortez les caissettes du moule et laissez refroidir.
- Creusez un cône dans chaque gâteau et garnissez la cavité ainsi formée de confiture. Battez le mascarpone avec le jaune d'œuf, le sucre et le sucre vanillé. Étalez 1 généreuse cuillerée à café de cette crème sur chaque cupcake.
- Étalez finement la pâte d'amandes à l'aide d'un rouleau à pâtisserie, en le saupoudrant de sucre glace, ainsi que votre plan de travail pour éviter qu'elle colle.
- Découpez des ronds de pâte d'amandes d'un diamètre légèrement supérieur à celui des cupcakes, déposez-les sur chaque gâteau en fronçant légèrement leur bord pour qu'ils soient bien insérés dans la caissette. Décorez de sucre glace et servez.

La confiture de myrtilles peut bien sûr être remplacée par la confiture de votre choix. Traditionnellement, la crème garnissant ce gâteau est un mélange de crème pâtissière et de crème fouettée : à tester si vous avez des envies authentiques !

Cupcakes choc'orange

Pour 12 cupcakes environ

12 carrés de chocolat noir à pâtisser

Pour la pâte

2 gros œufs

120 g de beurre très mou

140 g de farine

100 g de sucre en poudre

2 cuill. à café rases de levure chimique

1 pincée de sel

Pour parfumer la pâte

4 cuill. à soupe de jus d'orange

Le zeste râpé de 1 orange bio ou non traitée

Pour la ganache

10 cl de crème liquide

75 g de chocolat au lait à pâtisser

75 g de chocolat noir à pâtisser

2 cl de jus d'orange

Pour la décoration

2 oranges non traitées

• Préparez la ganache : faites chauffer la crème et versez-la en deux fois sur les chocolats hachés, en mélangeant vivement à l'aide d'une spatule en silicone. Peu à peu, le chocolat va fondre et le mélange épaissir. Ajoutez alors le jus d'orange et laissez refroidir au réfrigérateur.

• Préchauffez le four à 180 °C (th. 6).

• Préparez la pâte à cupcakes, en suivant la recette de la page 6. Parfumez la préparation de zeste et de jus d'orange.

• Déposez des caissettes dans chaque alvéole de votre moule à muffins, puis remplissez-les aux deux tiers avec la pâte. Enfoncez dans chaque caissette un carré de chocolat. Faites cuire 20 minutes, sortez les caissettes du moule et laissez refroidir.

• À l'aide d'un batteur électrique ou d'un robot, fouettez la ganache refroidie pendant 4 à 5 minutes pour qu'elle soit légère et aérée.

• Garnissez les cupcakes de ganache à l'aide d'une poche à douille ou d'une spatule. Coupez les extrémités des oranges et découpez de belles tranches régulières. Recoupez chaque tranche en deux et décorez-en vos cupcakes.

Ajoutez 1 bouchon de Cointreau® ou de Grand Marnier® dans la pâte, pour renforcer le goût de l'orange.

Tiramisu cupcakes

Pour 12 cupcakes environ
10 bonbons durs au café

Pour la pâte
2 gros œufs
120 g de beurre très mou
4 cuill. à soupe de lait
140 g de farine
100 g de sucre en poudre
2 cuill. à café rases de levure chimique
1 pincée de sel

Pour parfumer la pâte
1 cuill. à café d'extrait de vanille liquide
2 cuill. à café d'extrait de café liquide (type Trablit®)
1 cuill. à café de café lyophilisé

Pour le glaçage vanillé
300 g de mascarpone
10 cl de crème liquide entière
50 g de sucre glace
3 sachets de sucre vanillé
1 cuill. à café d'extrait de vanille liquide

Pour la décoration
2 cuill. à soupe de cacao en poudre
10 grains de café en chocolat

• Préchauffez le four à 180 °C (th. 6).

• Faites fondre le café lyophilisé et l'extrait de café dans le lait tiédi.

• Préparez ensuite la pâte des cupcakes, en suivant la recette de la page 6. Ajoutez le lait parfumé au café et l'extrait de vanille.

• Déposez des caissettes dans chaque alvéole de votre moule à muffins, puis remplissez-les aux deux tiers avec la pâte. Enfoncez un bonbon au café dans chaque gâteau. Faites cuire 20 minutes, puis sortez les caissettes du moule et laissez refroidir.

• Pendant ce temps, préparez le glaçage : à l'aide d'un batteur électrique, fouettez le mascarpone avec le sucre glace, le sucre vanillé et l'extrait de vanille. Ajoutez peu à peu la crème liquide en fouettant à vitesse lente pour éviter que le mélange se transforme en beurre.

• Glacez vos cupcakes à l'aide d'une poche à douille ou d'une spatule. Saupoudrez de cacao et décorez de grains de café.

Ajoutez 1 cuillerée à soupe d'amaretto pour parfumer votre pâte.

Cupcakes au spéculos

Pour 12 cupcakes environ

12 cuill. à café de pâte de spéculoos

Pour la pâte

2 gros œufs (bios ou fermiers, de préférence)
120 g de beurre très mou
4 cuill. à soupe de lait (5 cl)
140 g de farine
100 g de sucre en poudre
2 cuill. à café rases de levure chimique (½ sachet)
1 pincée de sel

Pour parfumer la pâte

¼ de cuill. à café de cannelle en poudre

Pour le glaçage au spéculoos

250 g de mascarpone
4 cuill. à soupe de crème liquide
125 g de pâte de spéculoos
Quelques gouttes de chicorée liquide

Pour la décoration

6 spéculoos

• Préchauffez votre four à 180 °C (th. 6).

• Préparez la pâte à cupcakes en suivant la recette de la page 6. Parfumez la préparation de cannelle.

• Déposez des caissettes dans chaque alvéole de votre moule à muffins, puis remplissez-les aux deux tiers avec la pâte. Déposez 1 cuillerée à café de pâte de spéculoos dans chaque gâteau et faites cuire 20 minutes. Sortez les caissettes du moule et laissez refroidir.

• Pendant ce temps, préparez le glaçage : travaillez à l'aide d'un batteur électrique à vitesse lente le mascarpone avec la crème liquide, la pâte de spéculoos et quelques gouttes de chicorée.

• Glacez vos cupcakes à l'aide d'une poche à douille ou d'une spatule. Décorez-les en plantant un demi-spéculoos sur chaque cupcake et servez.

À défaut de chicorée liquide, utilisez de l'extrait de café.

Cupcakes aux courgettes et aux herbes

Pour 12 cupcakes environ

Pour la pâte

3 œufs
1 cuill. à soupe de crème fraîche
60 g de bûche de chèvre + 6 rondelles
125 g de courgettes râpées
2 tiges de menthe fraîche
30 g de graines de courge
1 gousse d'ail pelée
150 g de farine
5 cl d'huile d'olive
5 cl de vin blanc sec
½ sachet de levure chimique
Sel et poivre du moulin

Pour le glaçage

150 g de fromage à tartiner « ail et fines herbes »
150 g de fromage à tartiner nature
2 cuill. à soupe de mascarpone
2 poignées d'herbes fraîches
Sel et poivre du moulin

Pour la décoration

6 brins de ciboulette
Baies roses et graines de courge

- Préchauffez le four à 180 °C (th. 6). Coupez la bûche de chèvre en dés. Hachez très finement la menthe et l'ail.
- Battez les œufs avec l'huile et la crème fraîche. Ajoutez la farine et la levure chimique, salez, poivrez et mélangez. Incorporez le vin blanc, les courgettes râpées, les graines de courge, les dés de chèvre, la menthe et l'ail.
- Déposez des caissettes dans chaque alvéole de votre moule à muffins, puis remplissez-les aux deux tiers avec la pâte.
- Coupez les rondelles de chèvre en deux, plantez-en un morceau dans chaque caissette et faites cuire 25 à 30 minutes.
- Pendant ce temps, préparez le glaçage : lavez, séchez et ciselez finement les herbes. Travaillez les deux fromages frais à l'aide d'un batteur électrique pour les assouplir, puis ajoutez le mascarpone et les herbes, salez et poivrez.
- Garnissez les cupcakes à l'aide d'une poche à douille ou d'une spatule. Décorez chaque gâteau d'un demi-brin de ciboulette, de baies roses et de graines de courge concassées.

Vous pouvez remplacer les graines de courge par des pistaches.

Cupcakes aux carottes et aux épices

Pour 12 cupcakes environ

Pour la pâte

3 œufs
1 cuill. à soupe de crème fraîche
60 g d'Ossau-iraty râpé
125 g de carottes râpées
150 g de farine
3 cuill. à soupe de raisins secs
¼ de cuill. à café de cumin moulu
¼ de cuill. à café de coriandre moulue
5 cl d'huile d'olive
5 cl de vin blanc sec
½ sachet de levure chimique
Sel et poivre du moulin

Pour le glaçage

150 g de fromage de chèvre frais (type Chavroux®)
150 g de fromage à tartiner nature
2 cuill. à soupe de mascarpone
Le zeste d'une orange non traitée
Poivre du moulin

Pour la décoration

Zestes d'orange confits
3 cuill. à soupe de noisettes

- Préchauffez le four à 180 °C (th. 6).
- Battez les œufs avec l'huile et la crème fraîche. Ajoutez la farine et la levure chimique, salez, poivrez et mélangez. Incorporez le vin blanc, les carottes râpées, l'Ossau-iraty râpé, les raisins secs et les épices.
- Déposez des caissettes dans chaque alvéole de votre moule à muffins, puis remplissez-les aux deux tiers avec la pâte et faites cuire 25 à 30 minutes.
- Pendant ce temps, préparez le glaçage : travaillez les deux fromages frais à l'aide d'un batteur électrique pour les assouplir, puis ajoutez le mascarpone. Ajoutez enfin le zeste d'orange finement râpé, poivrez.
- Garnissez les cupcakes à l'aide d'une poche à douille ou d'une spatule. Faites légèrement griller les noisettes hachées à la poêle. Décorez chaque gâteau avec quelques zestes d'orange confits et saupoudrez de noisettes.

Vous pouvez également préparer ces cupcakes en mélangeant céleri-rave râpé et carottes.

Cupcakes au jambon, aux olives et aux cornichons

Pour 12 cupcakes environ

Pour la pâte

3 œufs
1 cuill. à soupe de crème fraîche
50 g de comté râpé
100 g de dés de jambon blanc
80 g d'olives vertes dénoyautées
150 g de farine
1 cuill. à soupe de moutarde Savora®
5 cl d'huile d'olive
5 cl de vin blanc sec
½ sachet de levure chimique
Sel et poivre du moulin

Pour le glaçage

150 g de fromage à tartiner « ail et fines herbes »
150 g de fromage à tartiner nature
2 cuill. à soupe de mascarpone
80 g de cornichons
40 g de câpres au sel

Pour la décoration

12 olives vertes dénoyautées
Cerfeuil

• Préchauffez le four à 180 °C (th. 6).

• Faites dessaler les câpres dans plusieurs eaux. Coupez les olives en petits dés.

• Battez les œufs avec l'huile, la moutarde Savora® et la crème fraîche. Ajoutez la farine et la levure chimique, salez, poivrez et mélangez. Incorporez le vin blanc, les olives, le jambon et le comté râpé.

• Déposez des caissettes dans les alvéoles de votre moule à muffins, puis remplissez-les aux deux tiers avec la pâte et faites cuire 25 à 30 minutes.

• Pendant ce temps, préparez le glaçage : séchez soigneusement les câpres et coupez les cornichons en petits dés. Travaillez les deux fromages frais à l'aide d'un batteur électrique pour les assouplir, puis ajoutez le mascarpone. Ajoutez enfin les cornichons et les câpres.

• Garnissez les cupcakes à l'aide d'une poche à douille ou d'une spatule. Décorez chaque gâteau avec une olive et un brin de cerfeuil.

Vous pouvez également ajouter 2 jaunes d'œufs durs écrasés dans le glaçage ou en saupoudrer vos cupcakes, façon sucre glace.

Cupcakes rouge tomate

Pour 12 cupcakes environ
Pour la pâte
3 œufs
40 g de parmesan râpé
+ 12 gros dés de parmesan
150 g de farine
1 cuill. à café de sucre en poudre
100 g de tomates confites à l'huile d'olive
1 cuill. à soupe de concentré de tomates
1 cuill. à soupe de pesto
30 g de pignons de pin
Herbes de Provence
5 cl d'huile d'olive
5 cl de vin blanc sec
½ sachet de levure chimique
Sel et poivre du moulin
Pour le glaçage
250 g de fromage de chèvre frais
100 g de mascarpone
100 g de poivrons rouges grillés en bocal
½ cuill. à café de paprika
Pour la décoration
12 feuilles de basilic
12 tomates cerises

- Préchauffez le four à 180 °C (th. 6).
- Coupez les tomates confites en petits dés.
- Battez les œufs avec l'huile, le pesto et le concentré de tomates. Ajoutez la farine, la levure chimique, le parmesan râpé, le sucre et les herbes de Provence. Salez, poivrez, incorporez le vin blanc, les pignons de pin et les dés de tomates confites.
- Déposez des caissettes dans les alvéoles de votre moule à muffins, puis remplissez-les aux deux tiers avec la pâte et enfoncez dans chacune un dé de parmesan. Faites cuire 25 à 30 minutes.
- Pendant ce temps, préparez le glaçage : dans le bol d'un robot réduisez les poivrons rouges en purée. Ajoutez le fromage frais, le mascarpone, le paprika et mixez jusqu'à obtention d'une crème lisse.
- Garnissez les cupcakes à l'aide d'une poche à douille ou d'une spatule. Décorez chaque gâteau avec une feuille de basilic et une tomate cerise.

Vous pouvez utiliser tous les fromages frais de votre choix pour le glaçage (saint-félicien, brousse…), à condition qu'ils soient bien crémeux.

Cupcakes au foie gras et à la figue

Pour 12 cupcakes environ

Pour la pâte

3 œufs
1 cuill. à soupe de crème fraîche
150 g de bloc de foie gras de canard avec morceaux
150 g de farine
125 g de figues séchées
¼ de cuill. à café de quatre-épices
5 cl d'huile neutre
5 cl de muscat
½ sachet de levure chimique
Sel et poivre du moulin

Pour le glaçage

50 g de bloc de foie gras de canard
1 fromage frais Boursin® « noix et figues » (150 g)
100 g de mascarpone
2 cuill. à café de vinaigre balsamique de Modène
Poivre du moulin

Pour la décoration

4 figues fraîches

- Préchauffez le four à 180 °C (th. 6).
- Faites tremper les figues 1 heure dans le muscat. Coupez-les en petits morceaux et récupérez le vin.
- Découpez le foie gras en 12 gros dés, conservez-les au réfrigérateur.
- Battez les œufs avec l'huile et la crème. Ajoutez la farine, la levure chimique et le quatre-épices. Salez, poivrez, incorporez le muscat et les figues.
- Déposez des caissettes dans les alvéoles de votre moule à muffins, puis remplissez-les aux deux tiers avec la pâte. Enfoncez dans chacune un dé de foie gras. Faites cuire 25 à 30 minutes.
- Pendant ce temps, préparez le glaçage : à l'aide d'un batteur électrique, travaillez le Boursin® avec le foie gras jusqu'à obtention d'une crème. Ajoutez le mascarpone et le vinaigre sans cesser de fouetter. Poivrez si nécessaire.
- Garnissez les cupcakes à l'aide d'une poche à douille ou d'une spatule. Découpez chaque figue en trois et décorez-en les gâteaux.

Inutile d'utiliser un foie gras entier ; le bloc (contenant morceaux de foie entier et brisures) est moins cher et se prête mieux à une présentation fantaisie.

Direction éditoriale : Corinne Cesano
Édition : Delphine Depras
Responsable artistique : Vu Thi
Coordination et suivi artistiques : Julia Philipps
Collaboration éditoriale : Béatrice Mounier
Photos : Valéry Guedès
Stylisme : Natacha Arnoult
Mise en page : APS/Chromostyle
Photogravure : APS/Chromostyle
Fabrication : Laurence Ledru

ISBN : 978-2-263-05773-1
Code éditeur : S05773/02
Dépôt légal : août 2012
Imprimé en France par Loire Offset Titoulet